Belongs to:

Name: ....

Address: ....

....

ABC
ABC

A

B

d

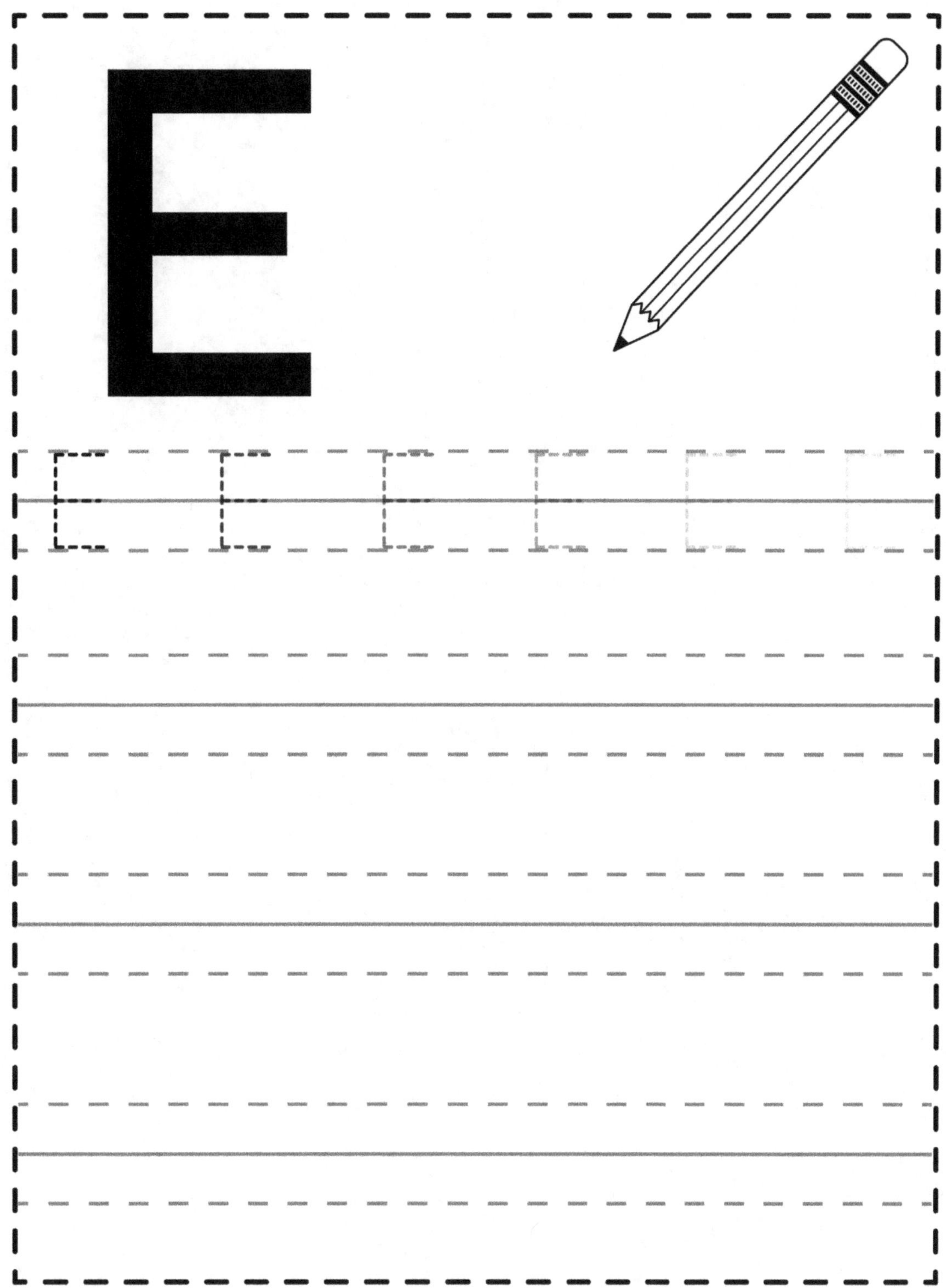

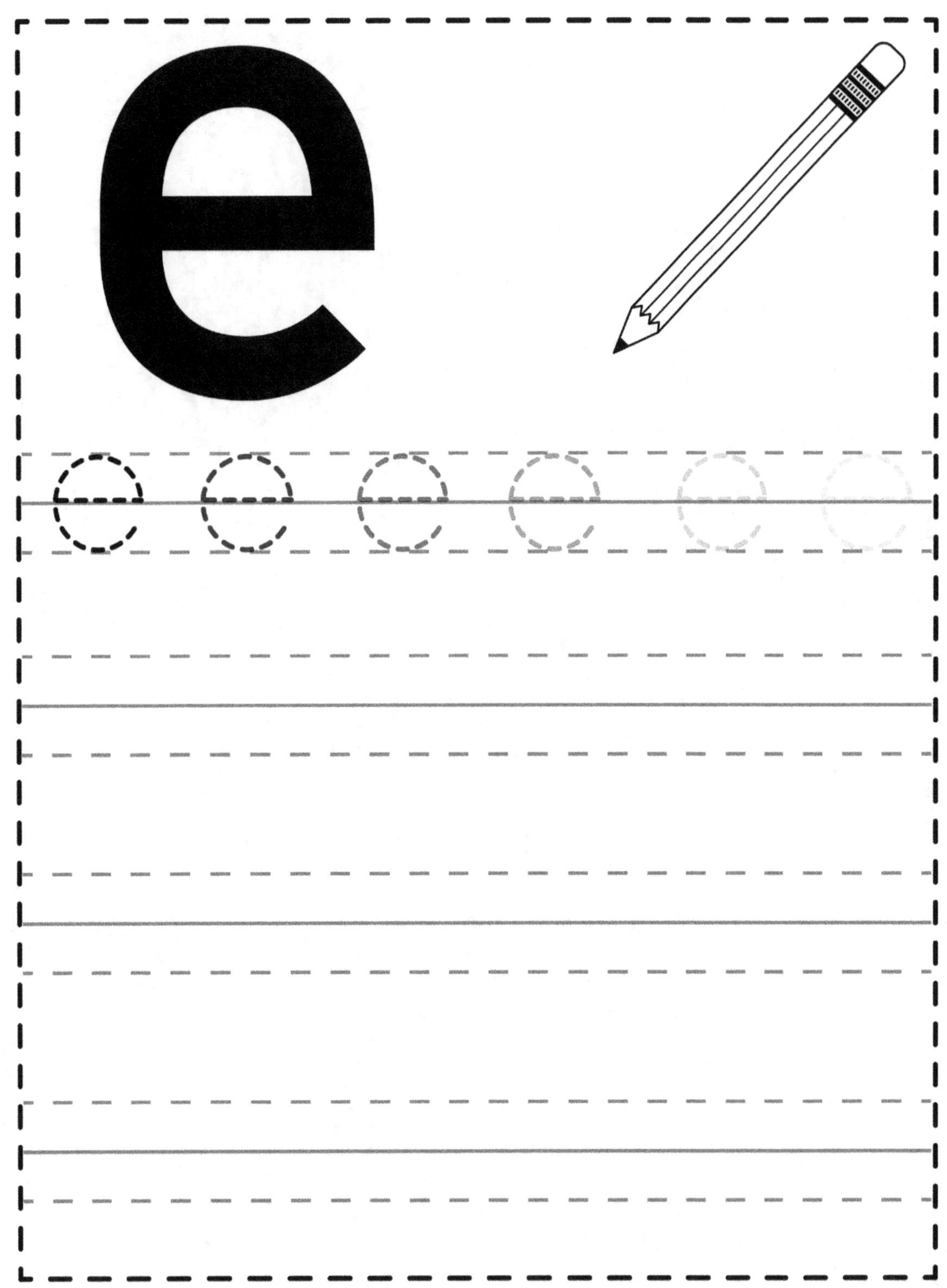

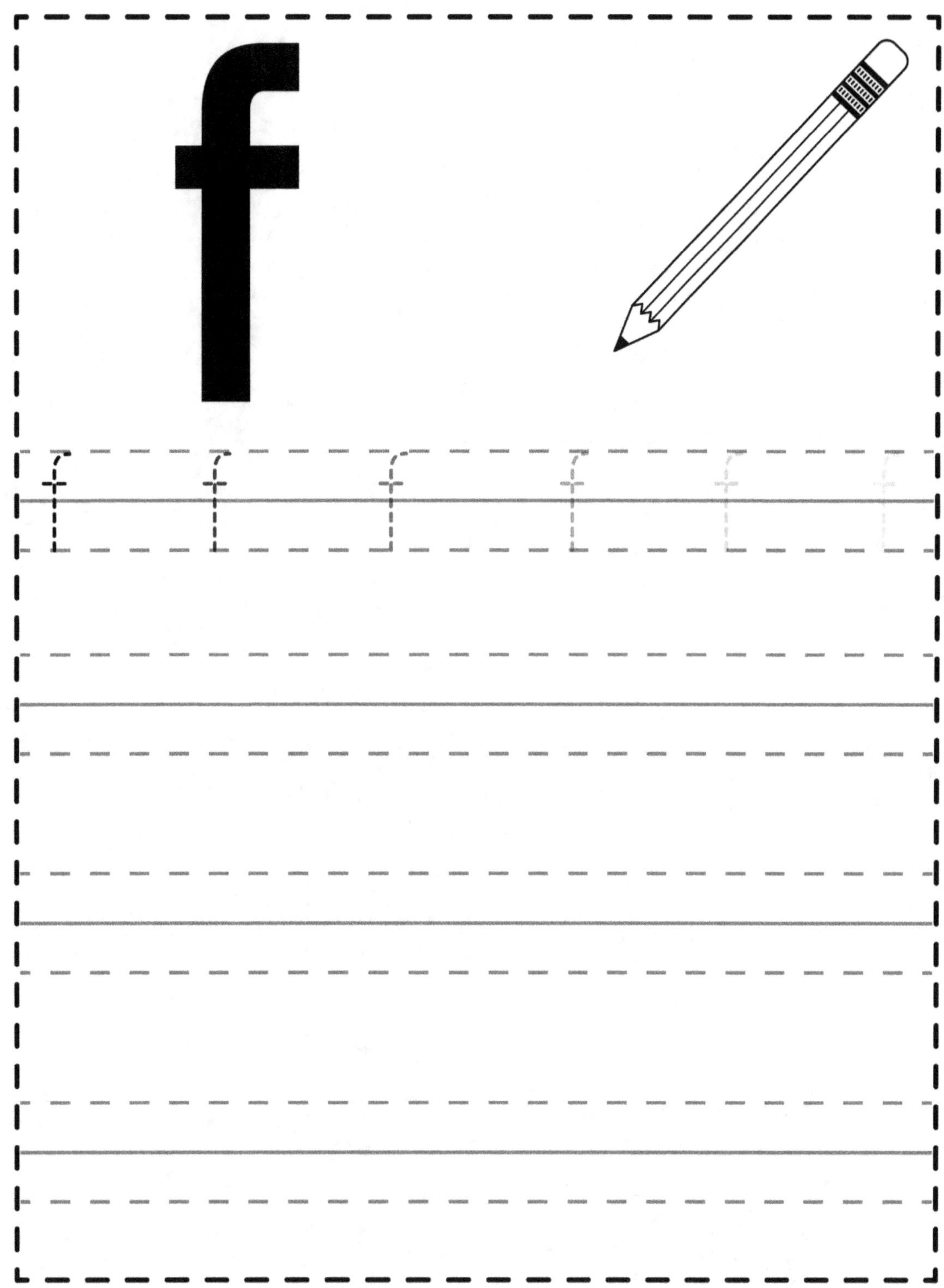

H

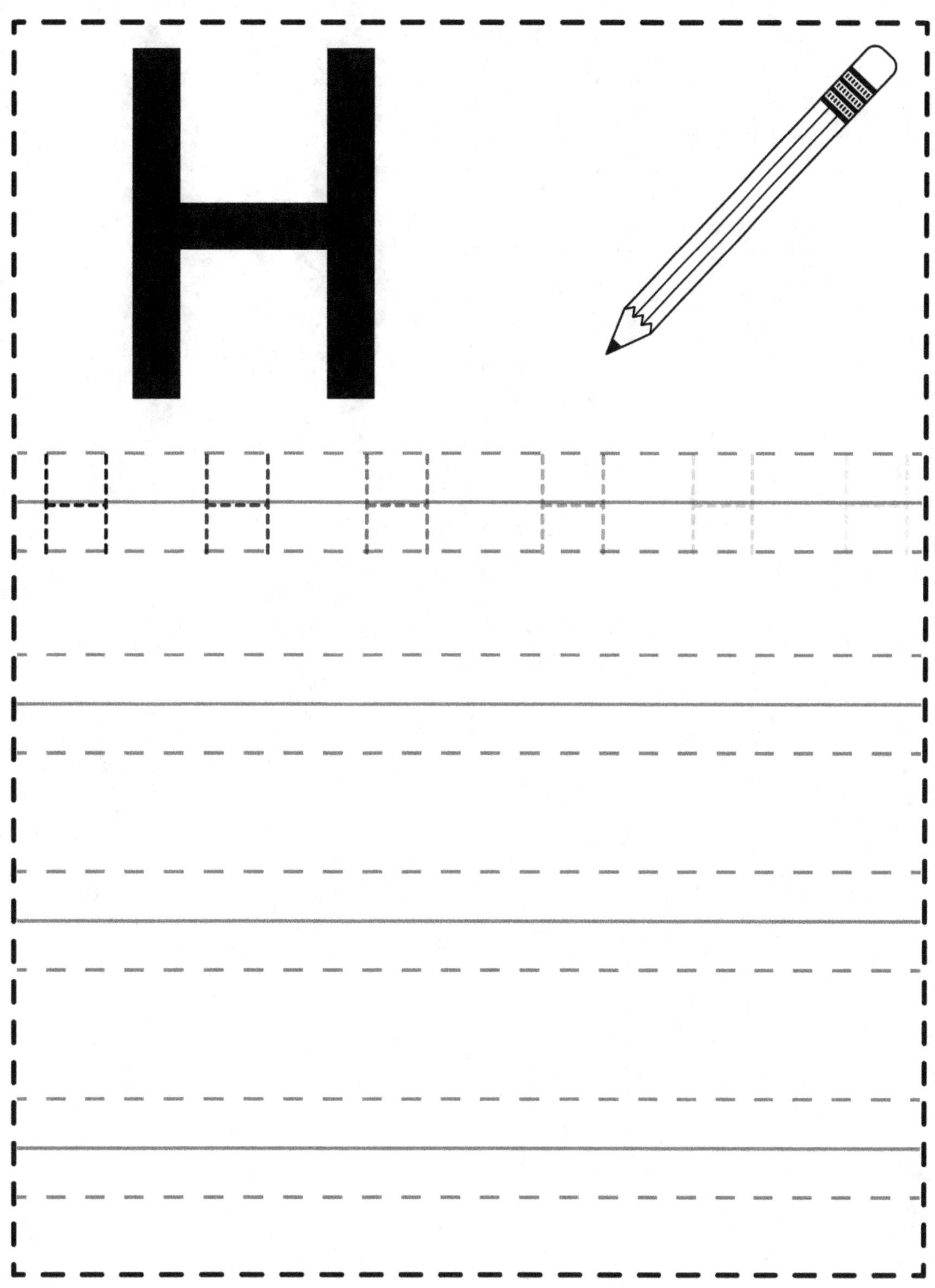

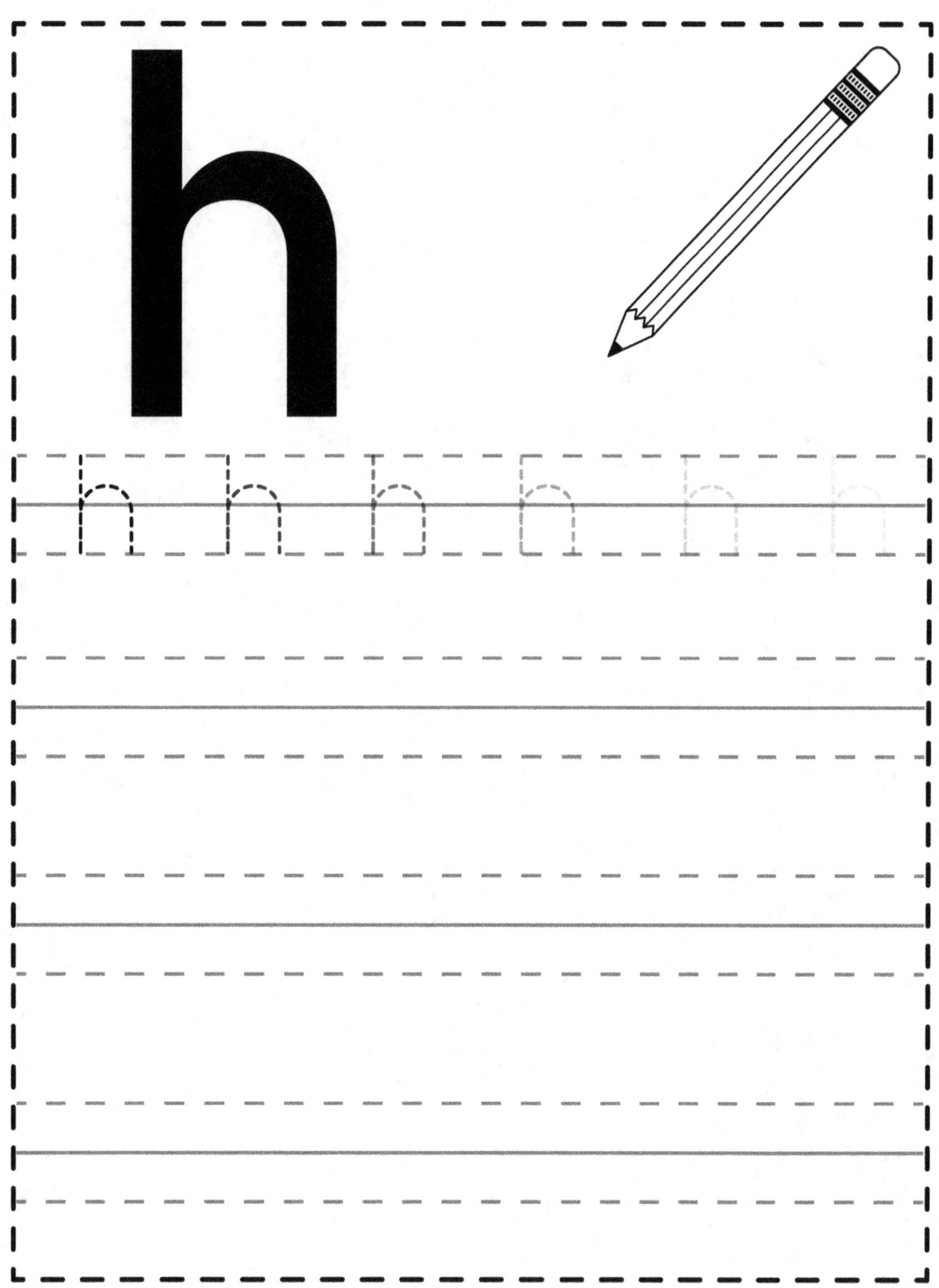

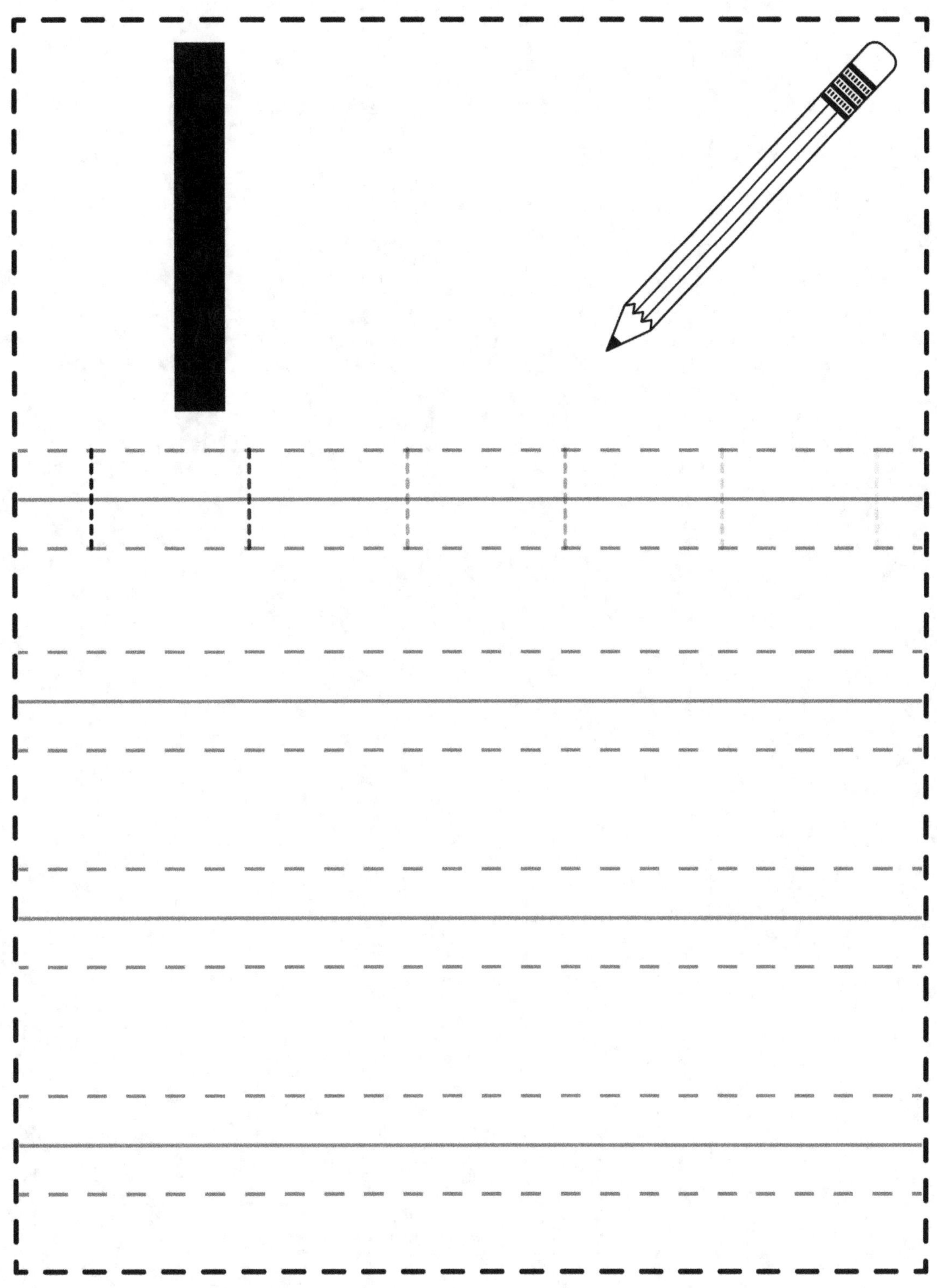

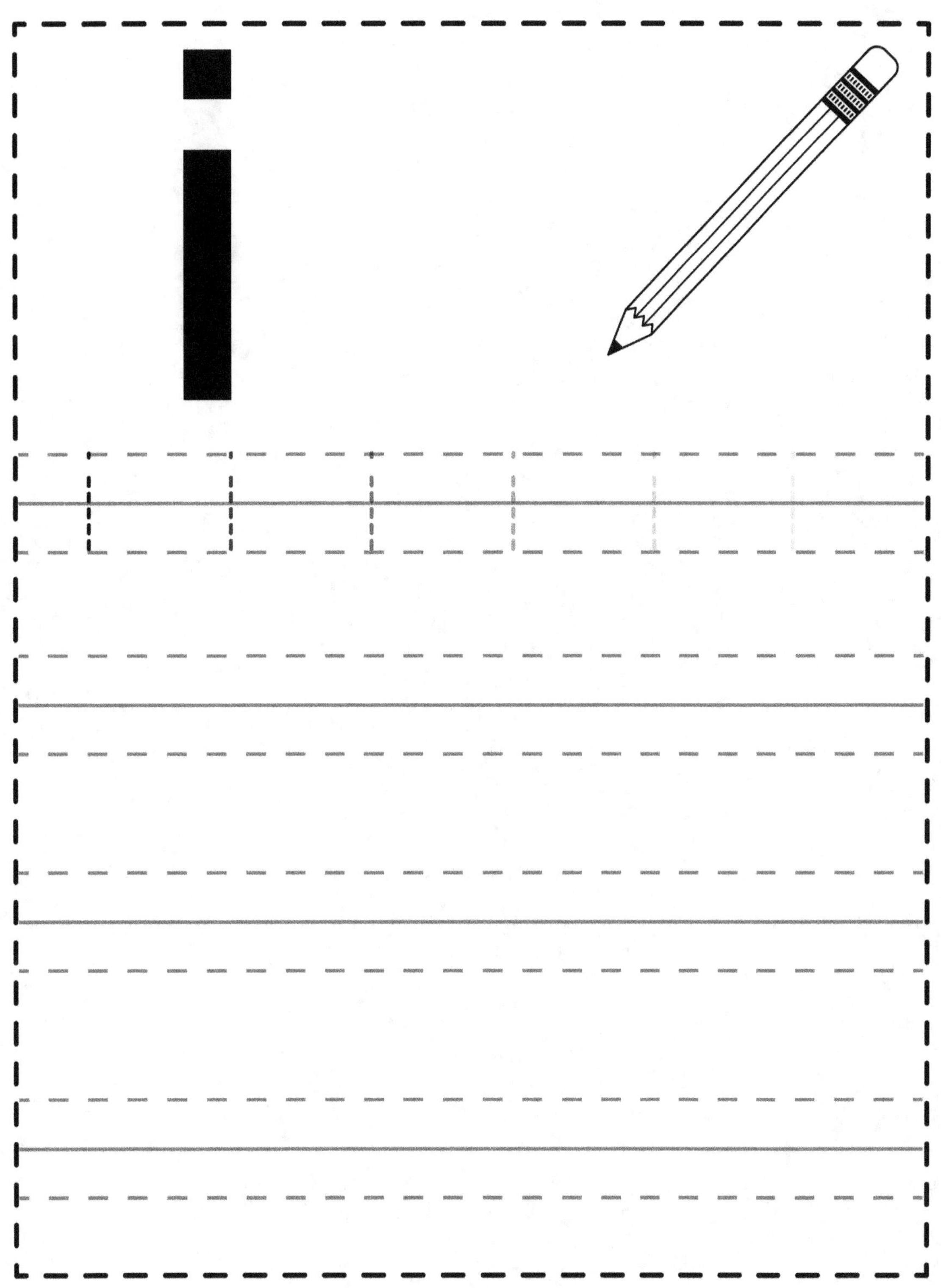

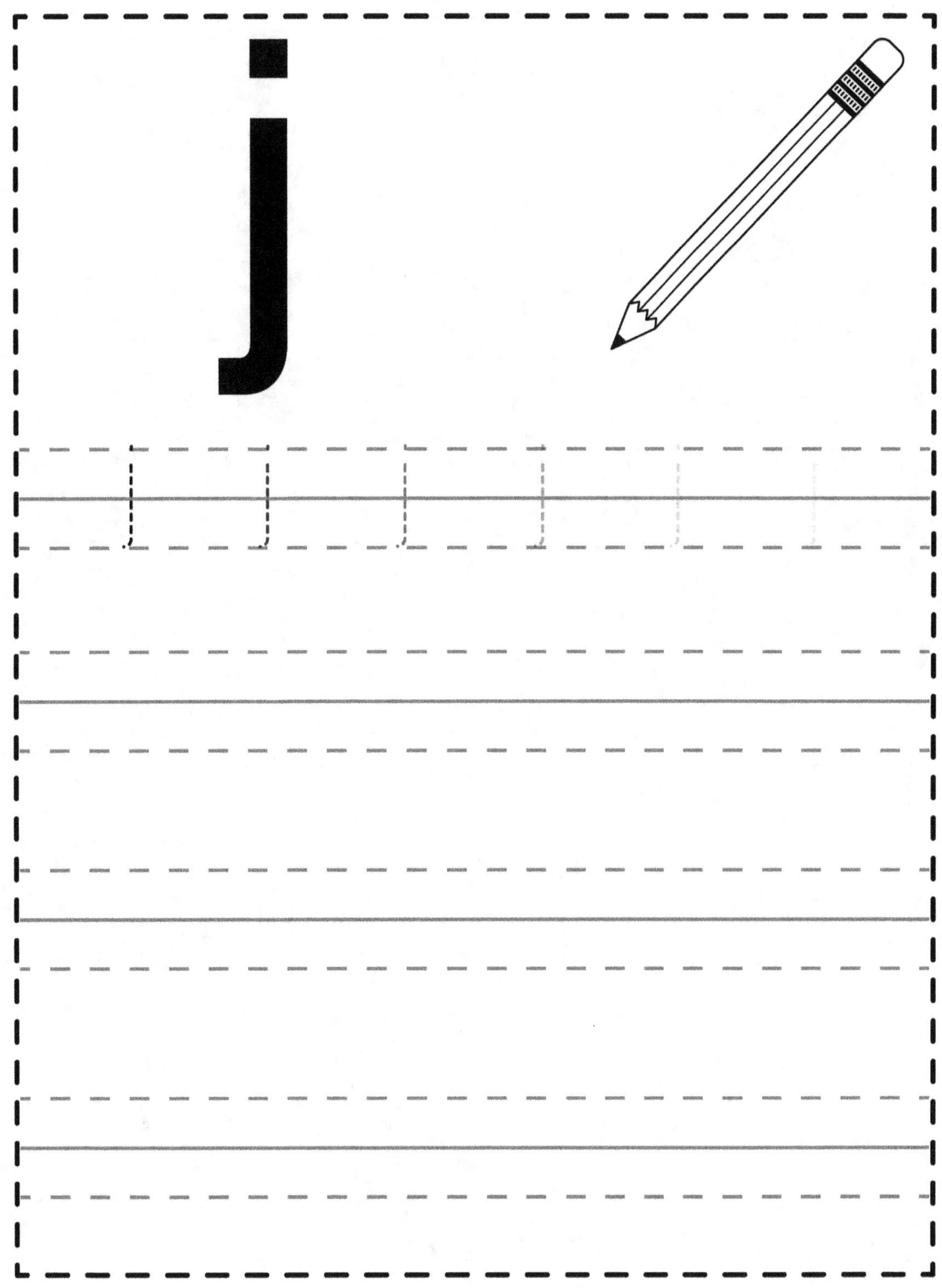

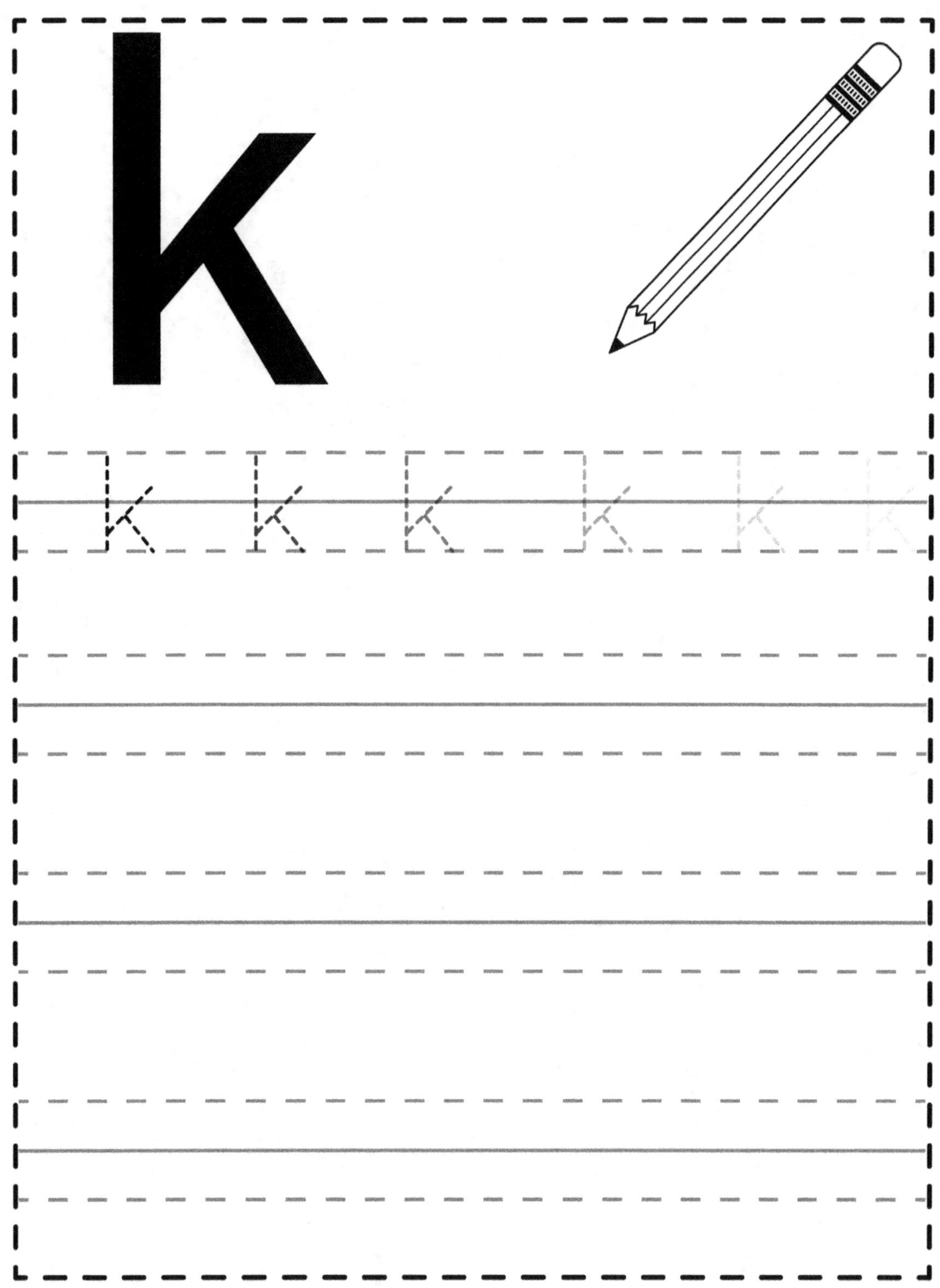

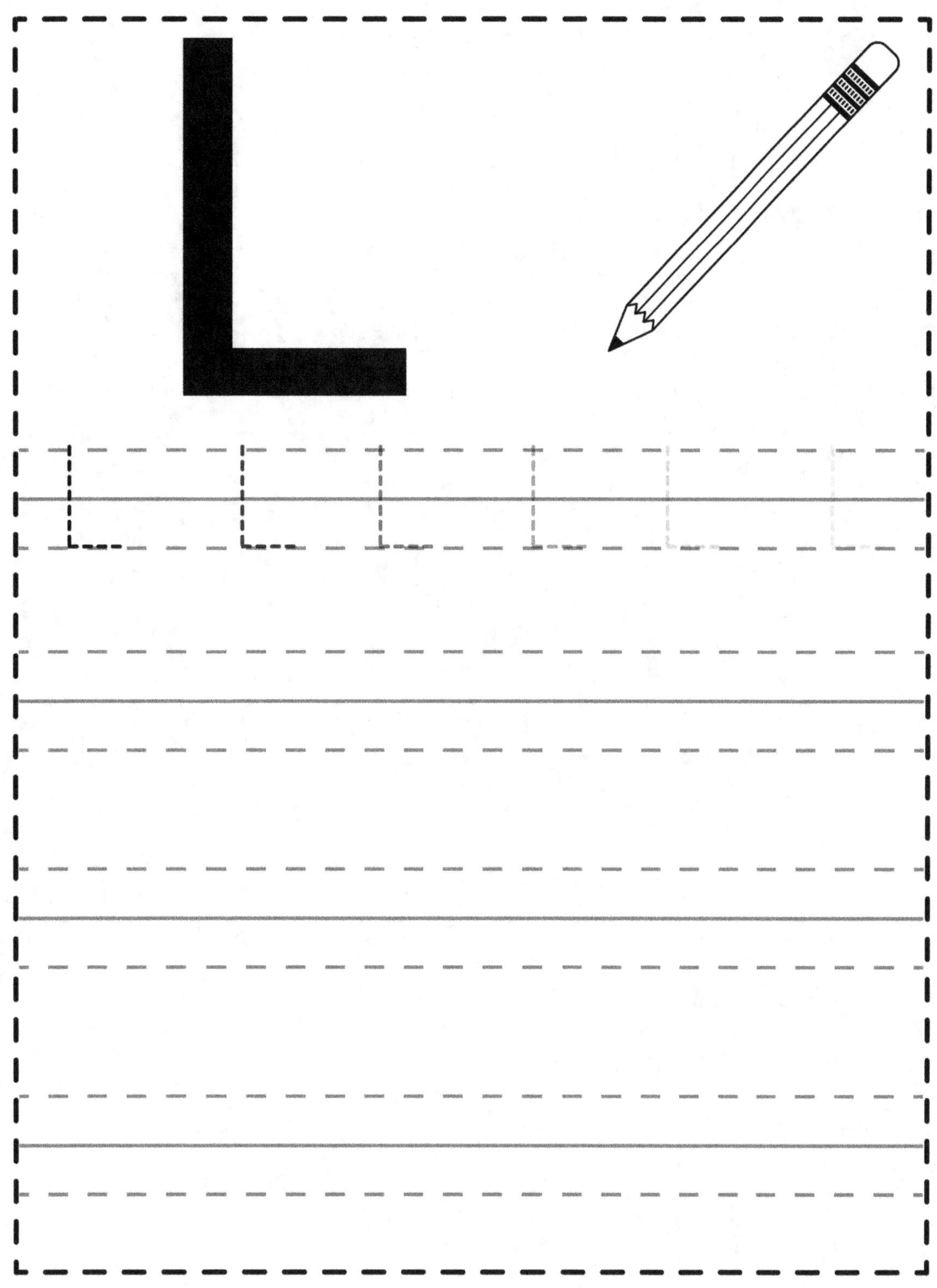

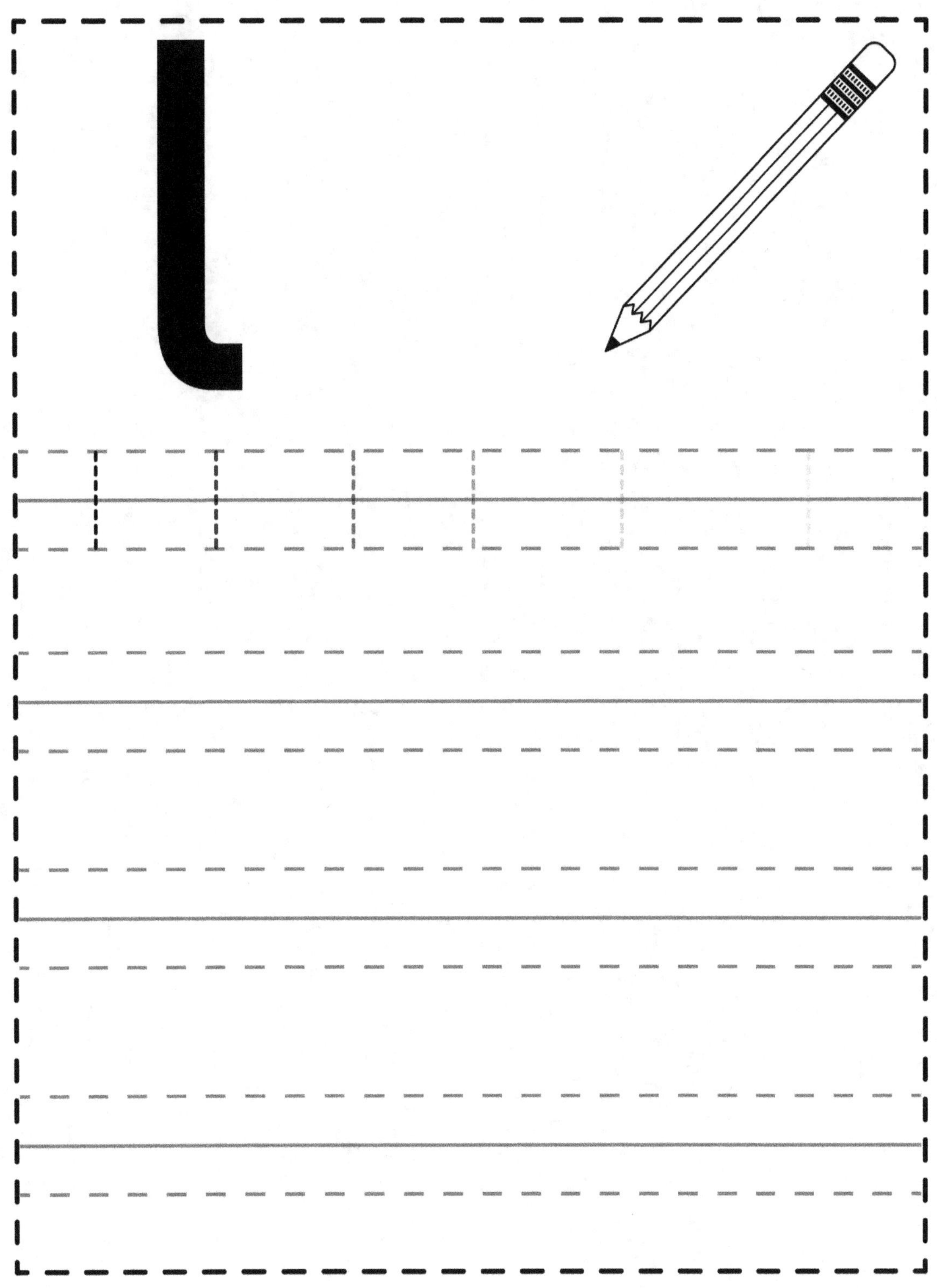

M

M M M M M M M M M M

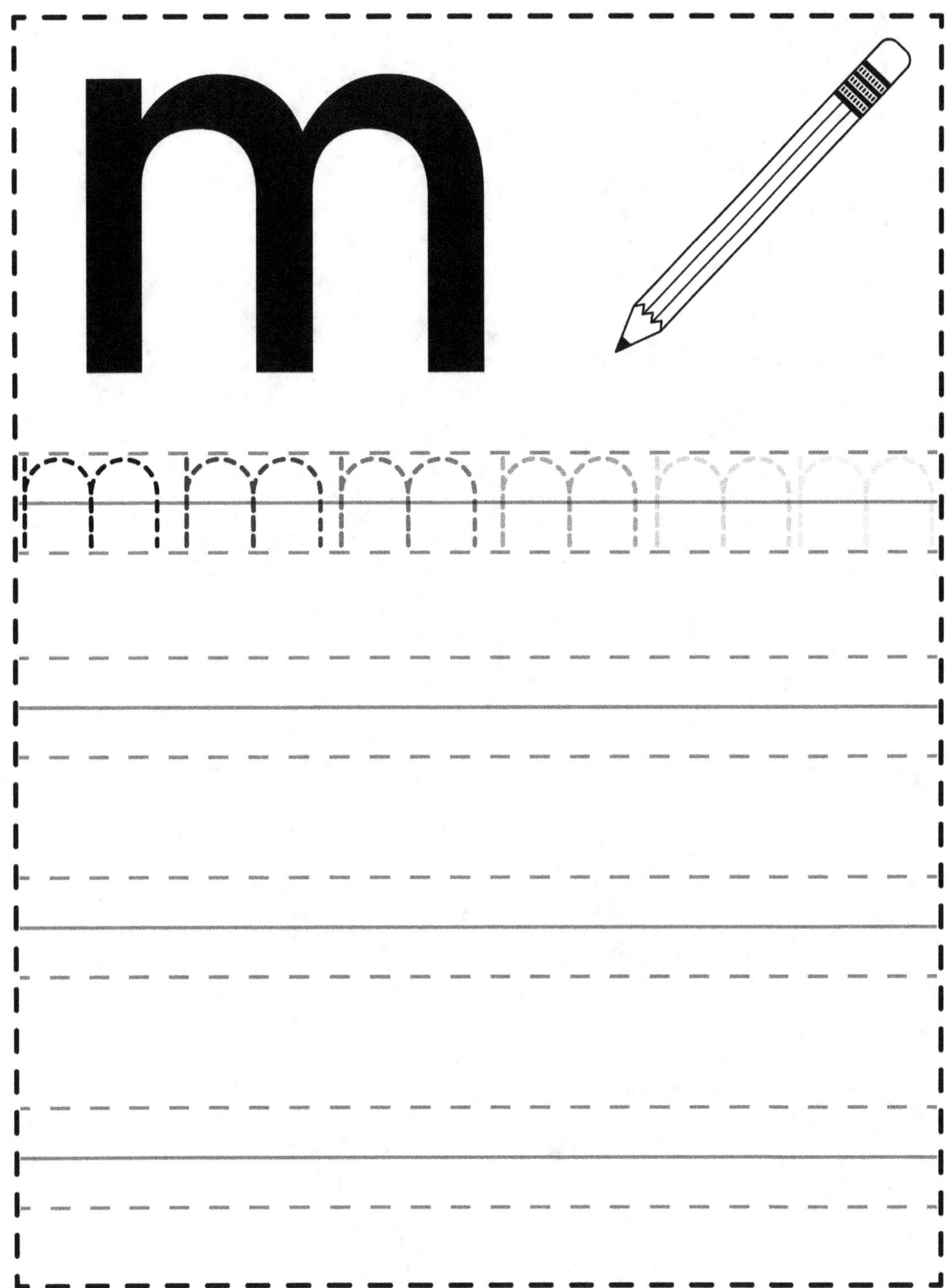

N

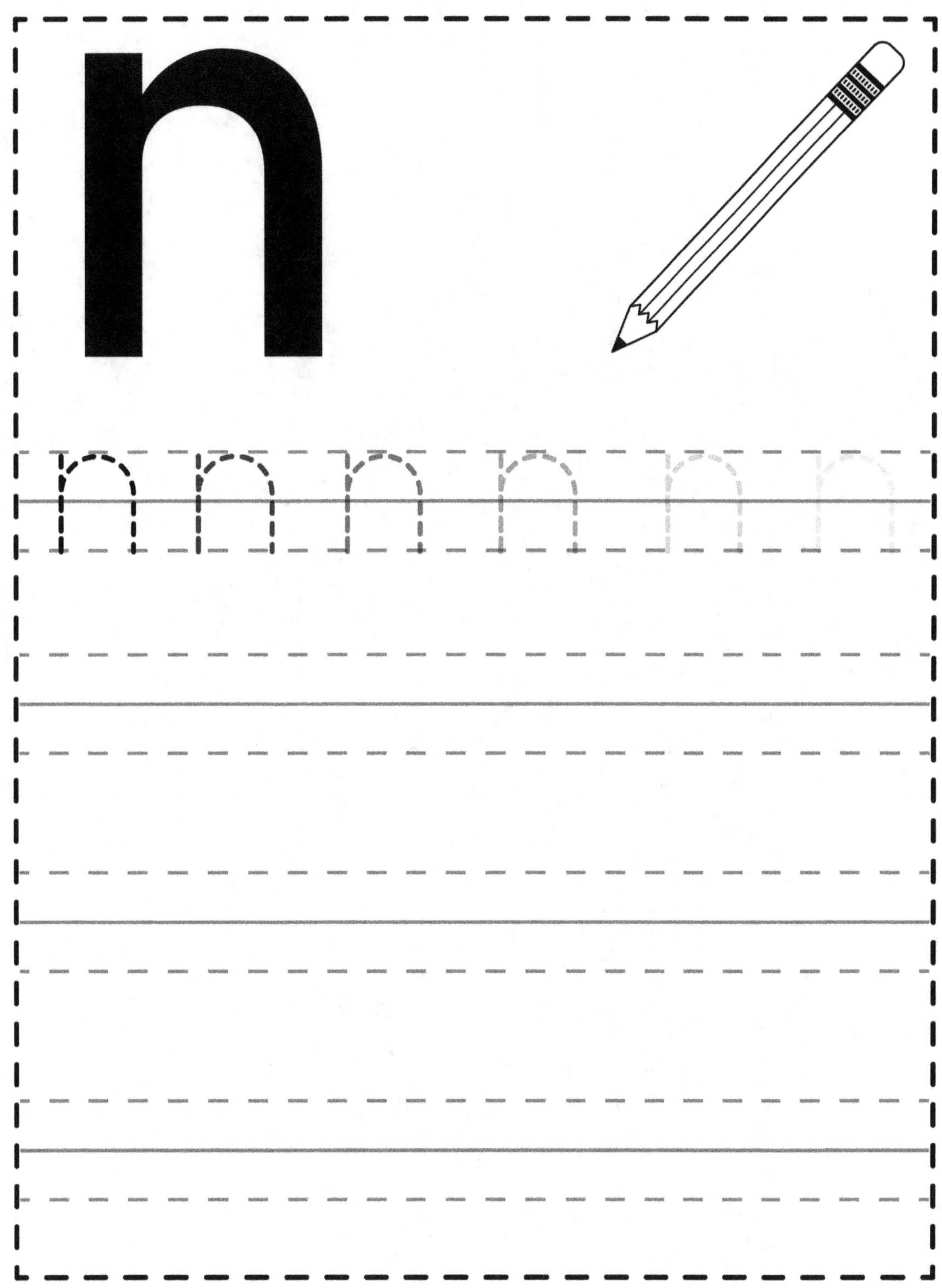

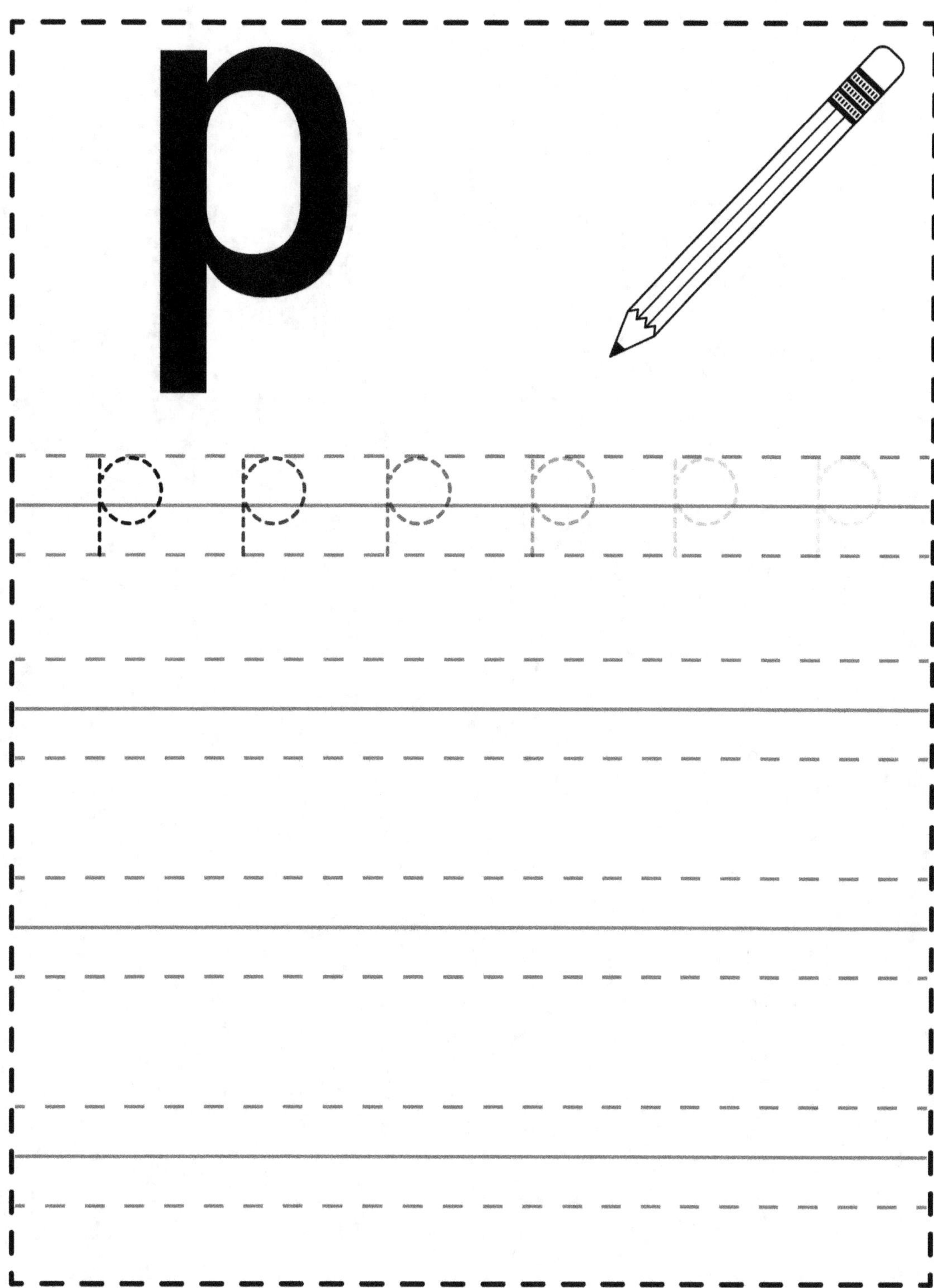

q

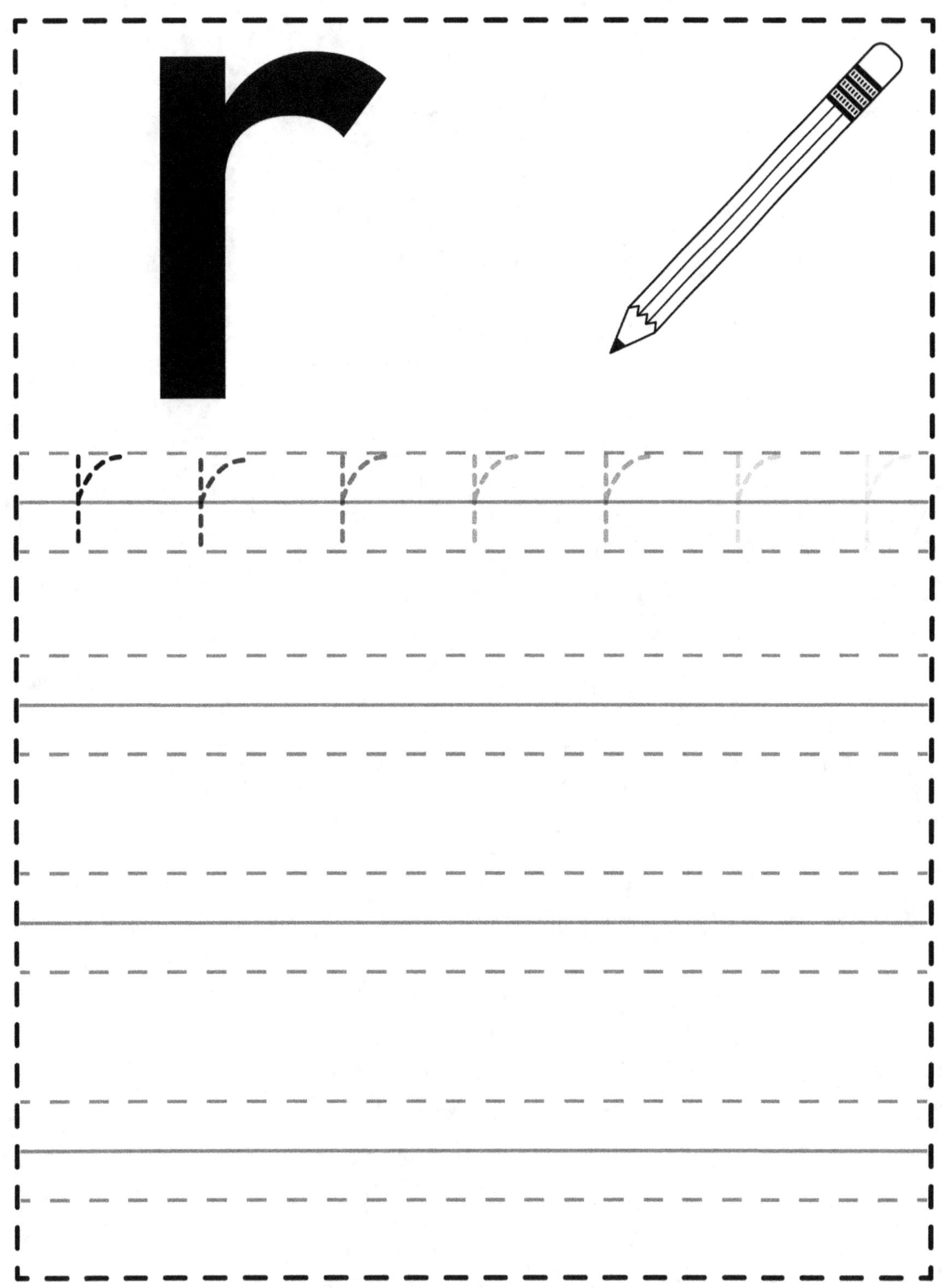

S

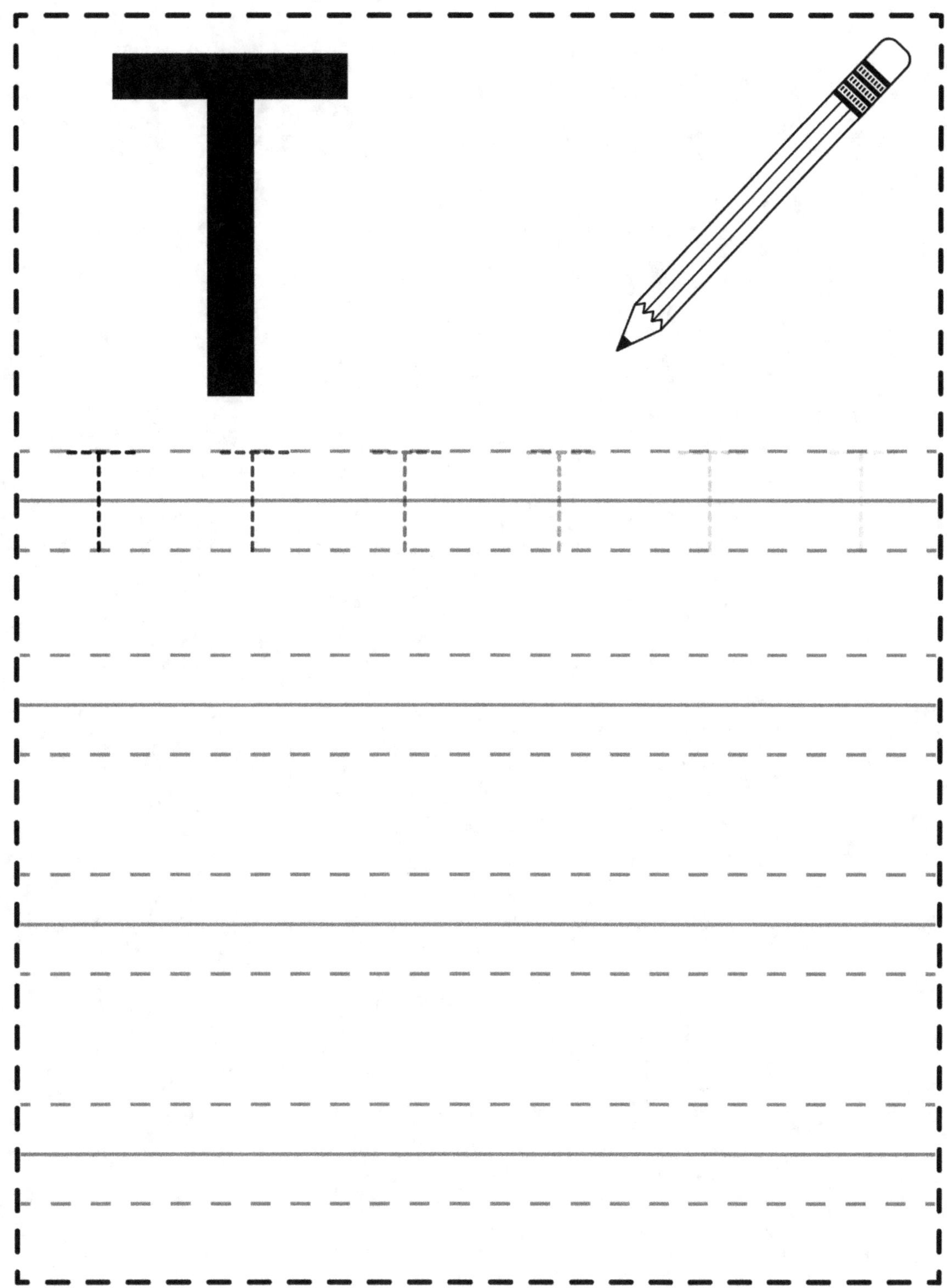

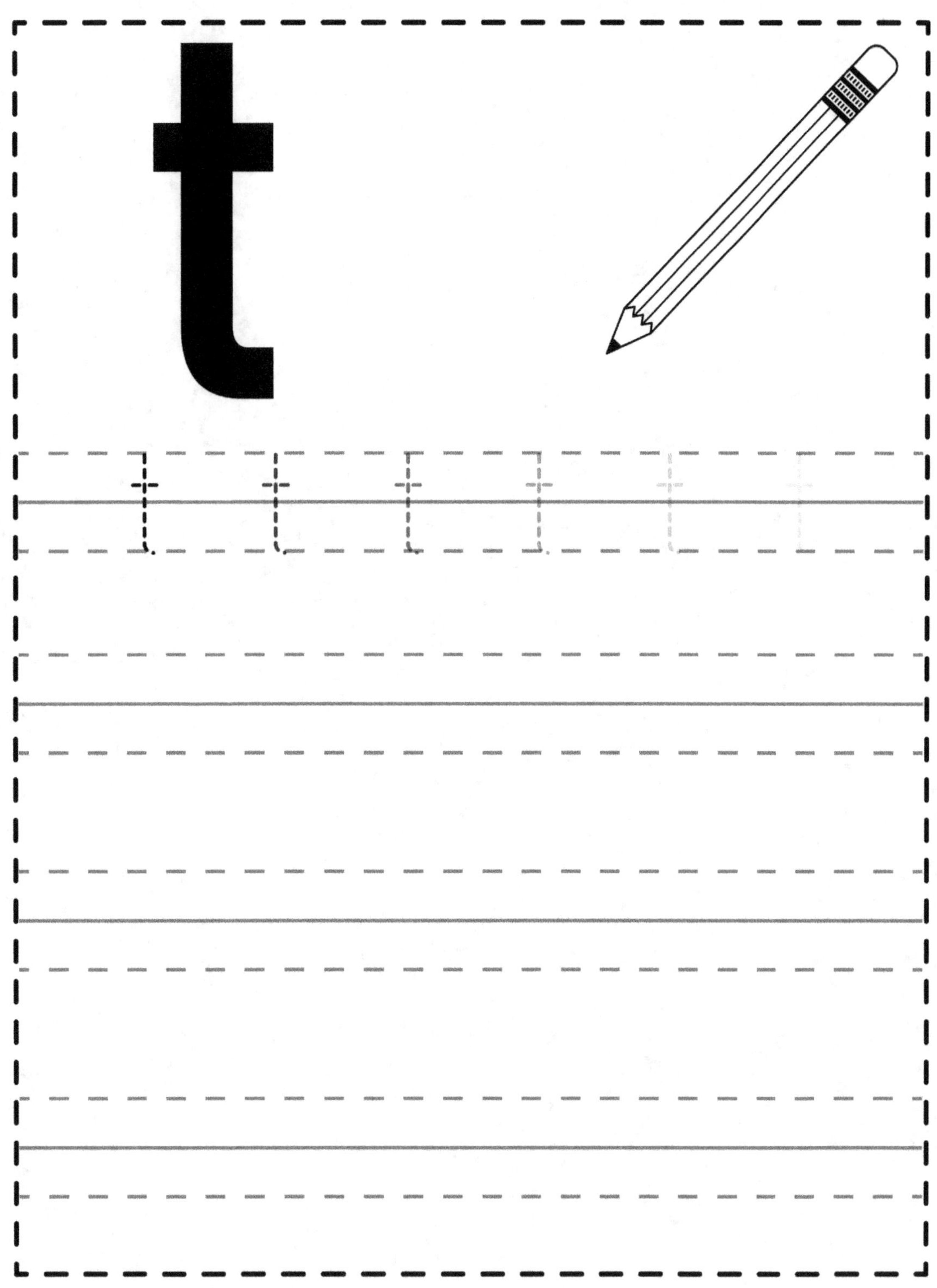

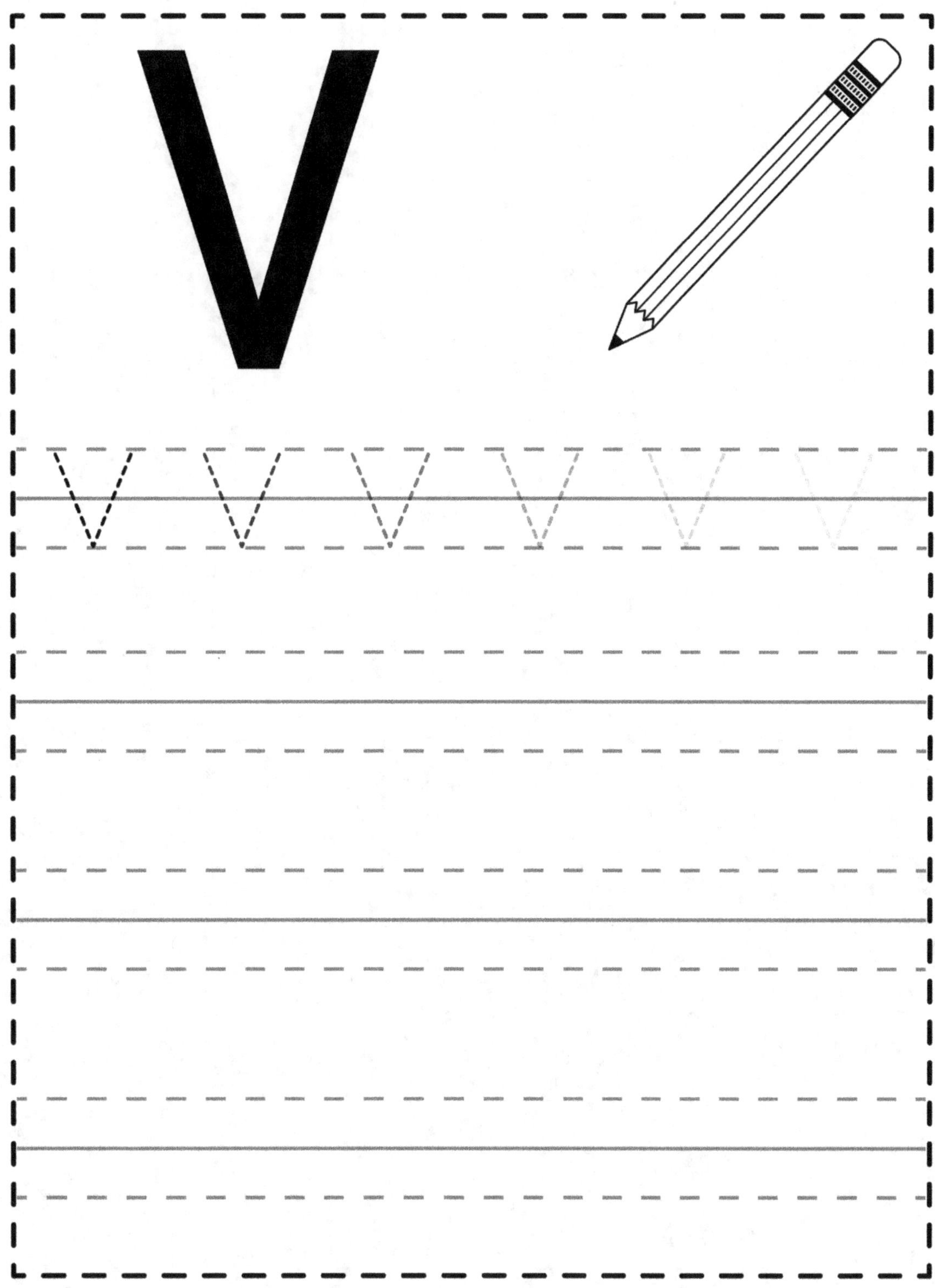

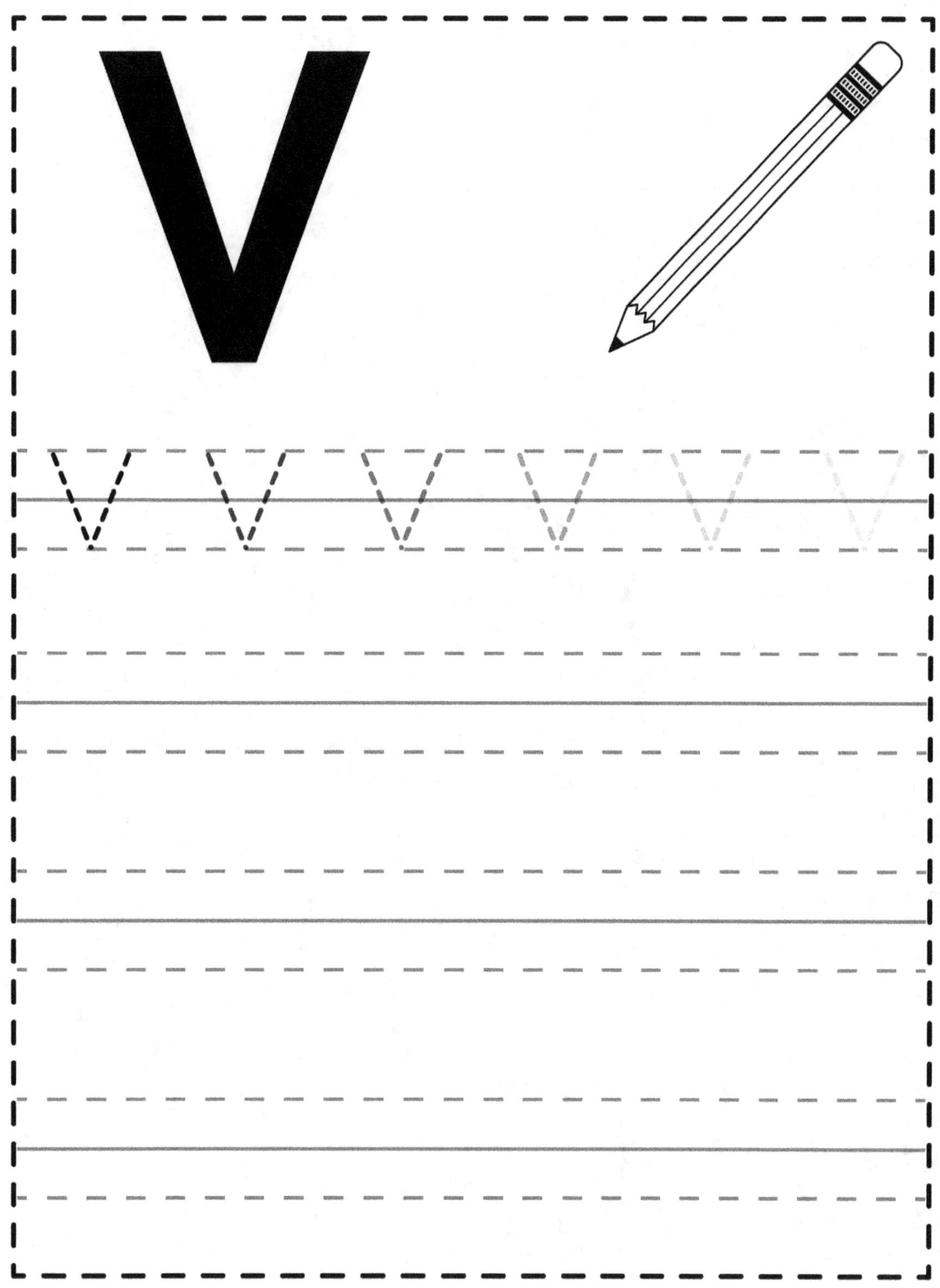

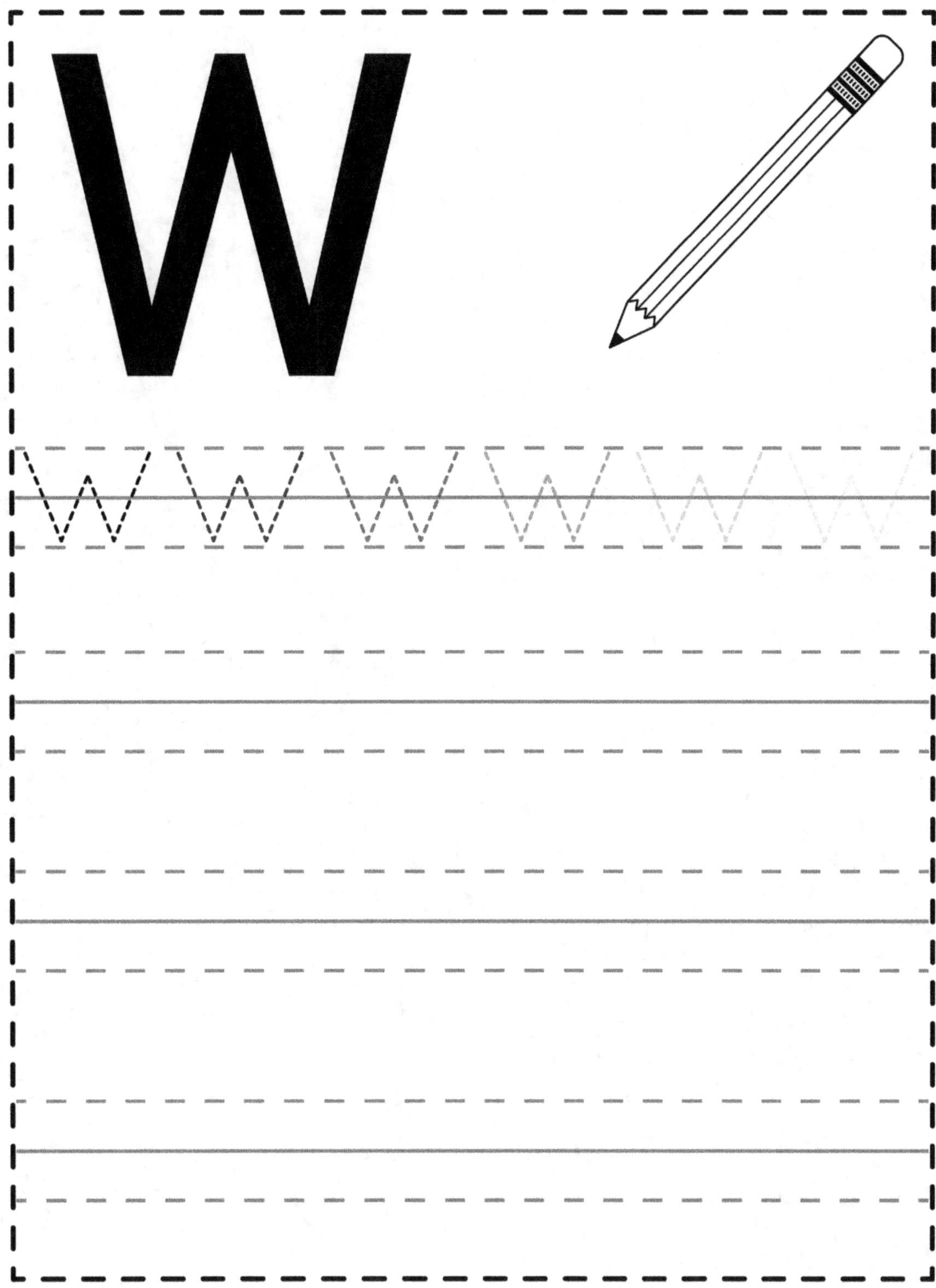

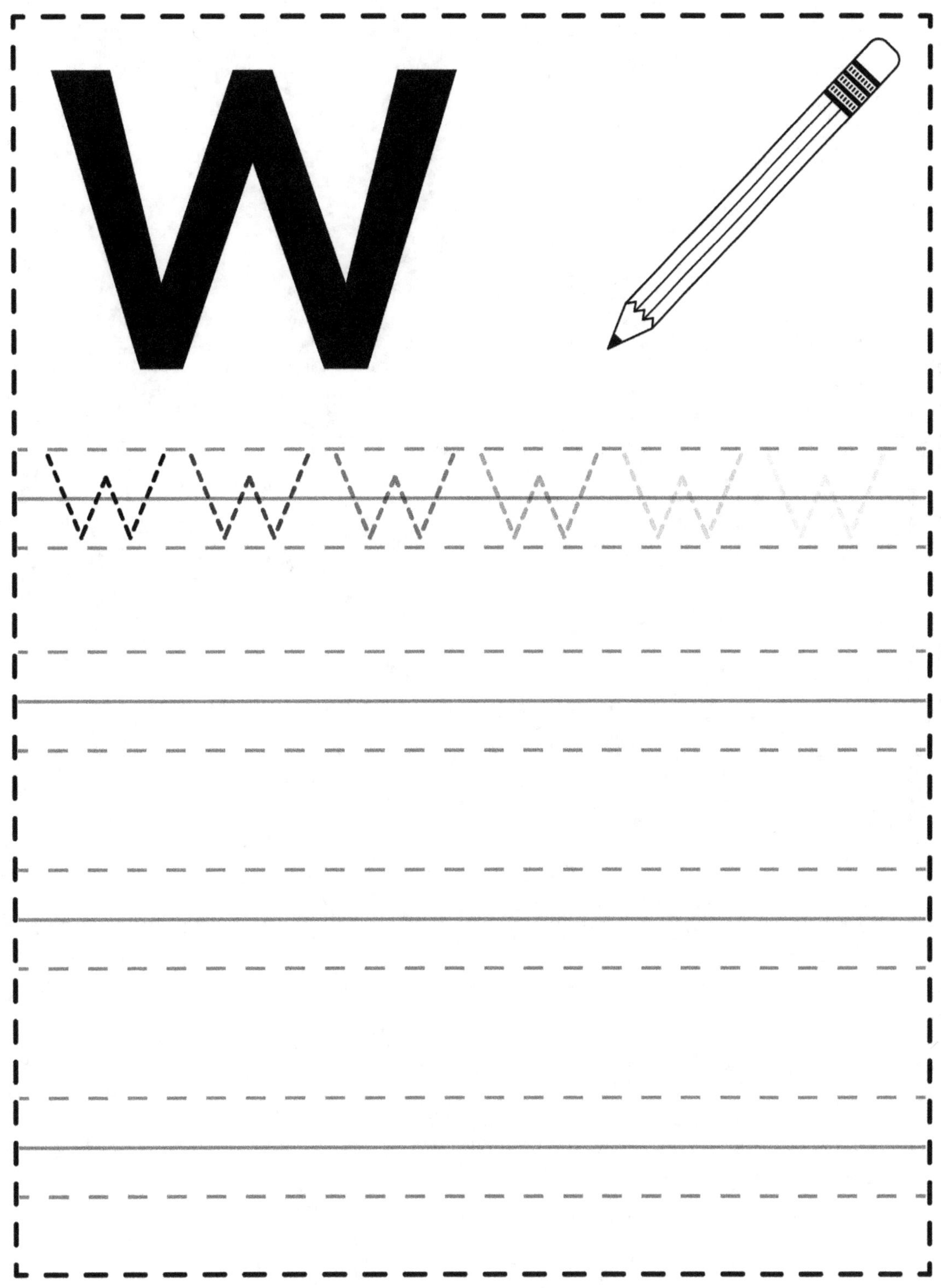

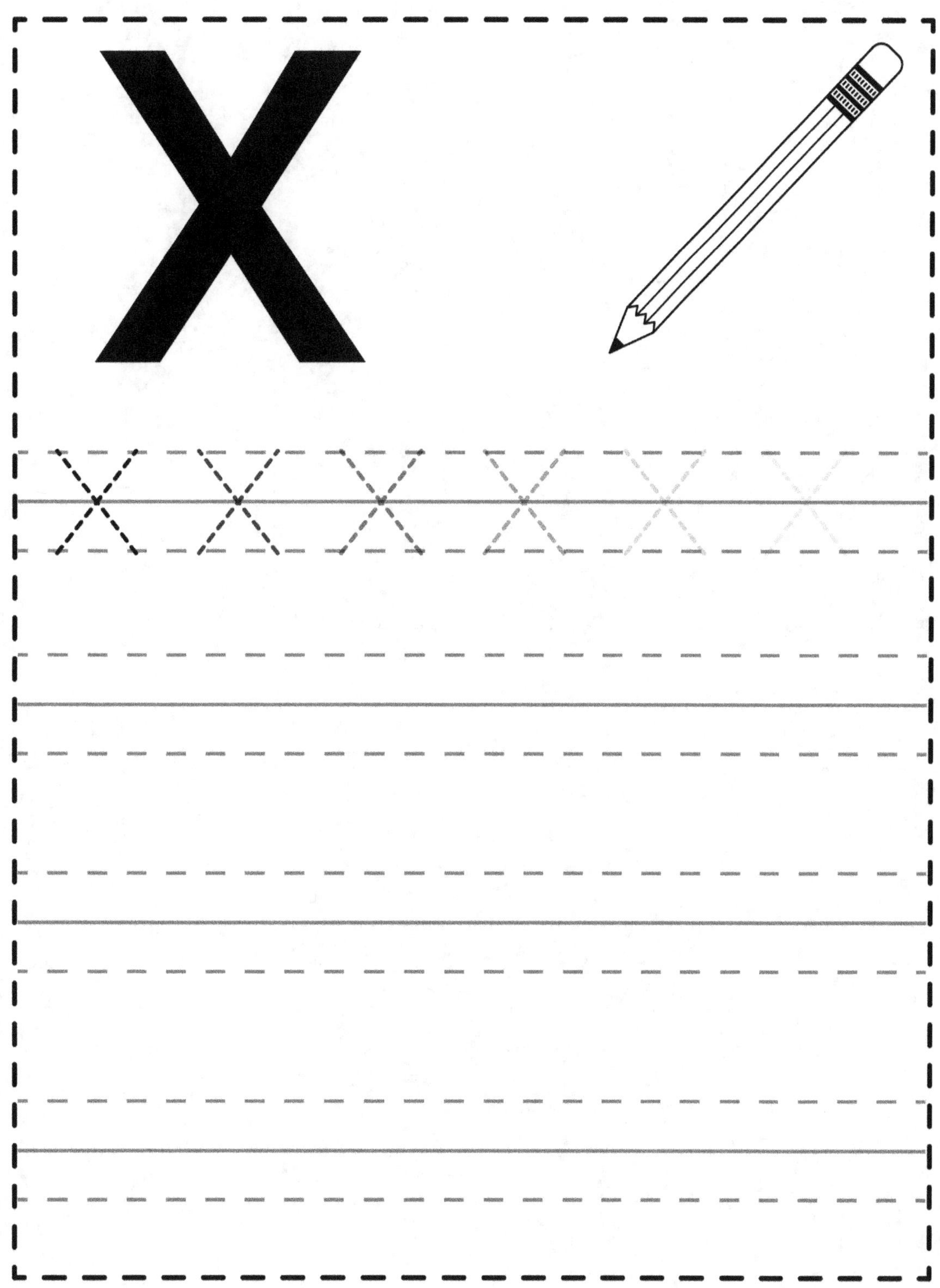

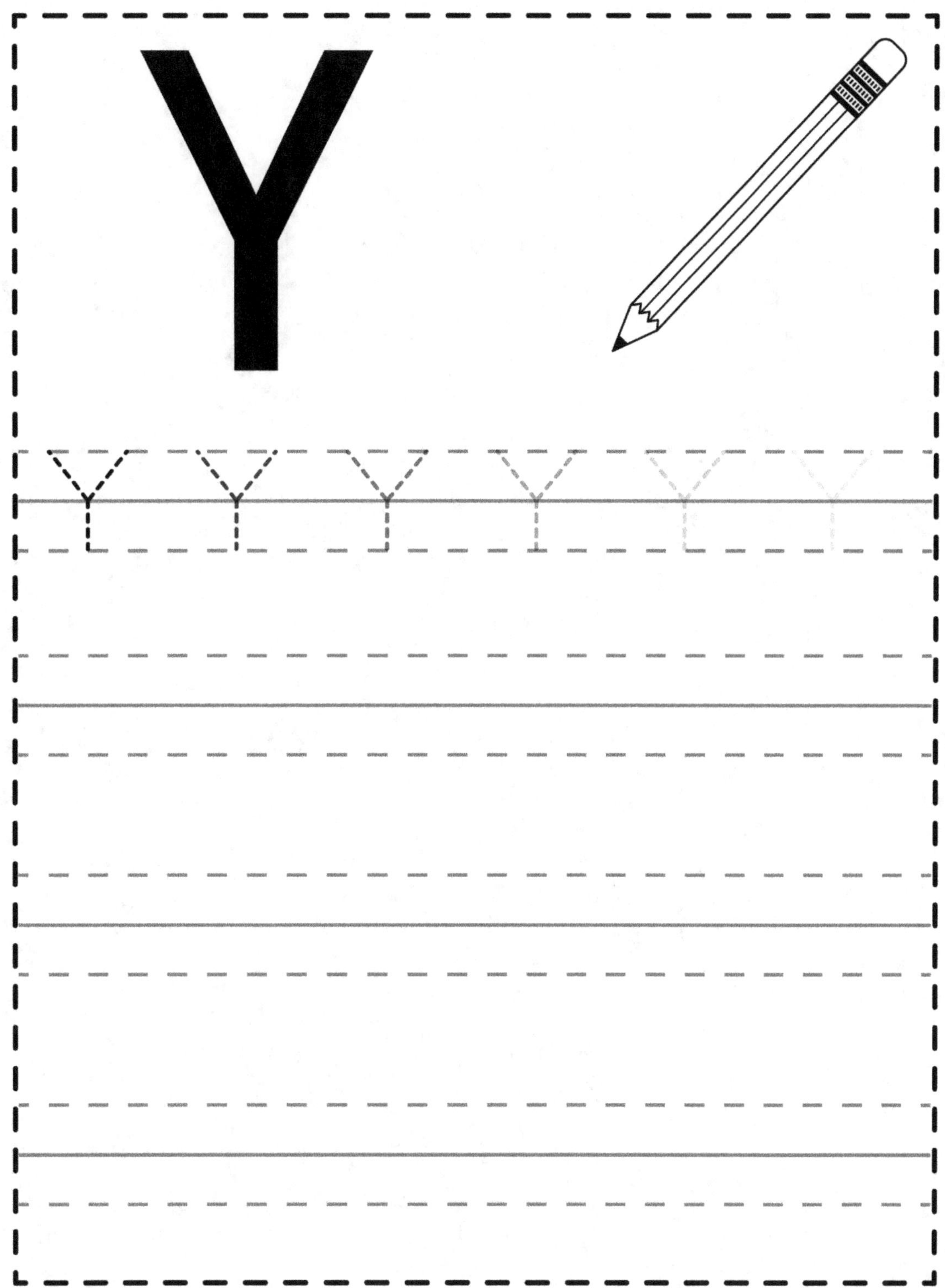

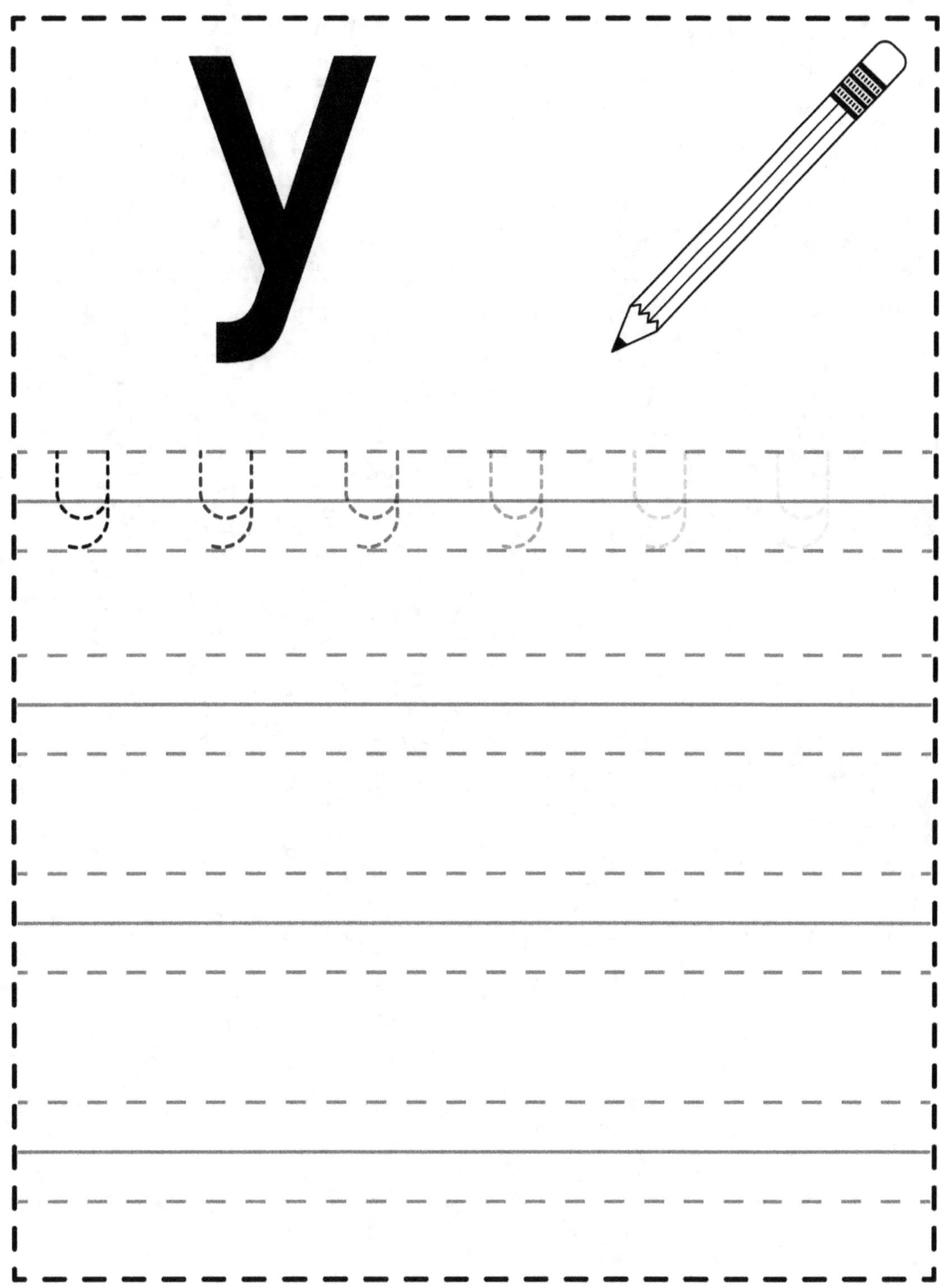

Z

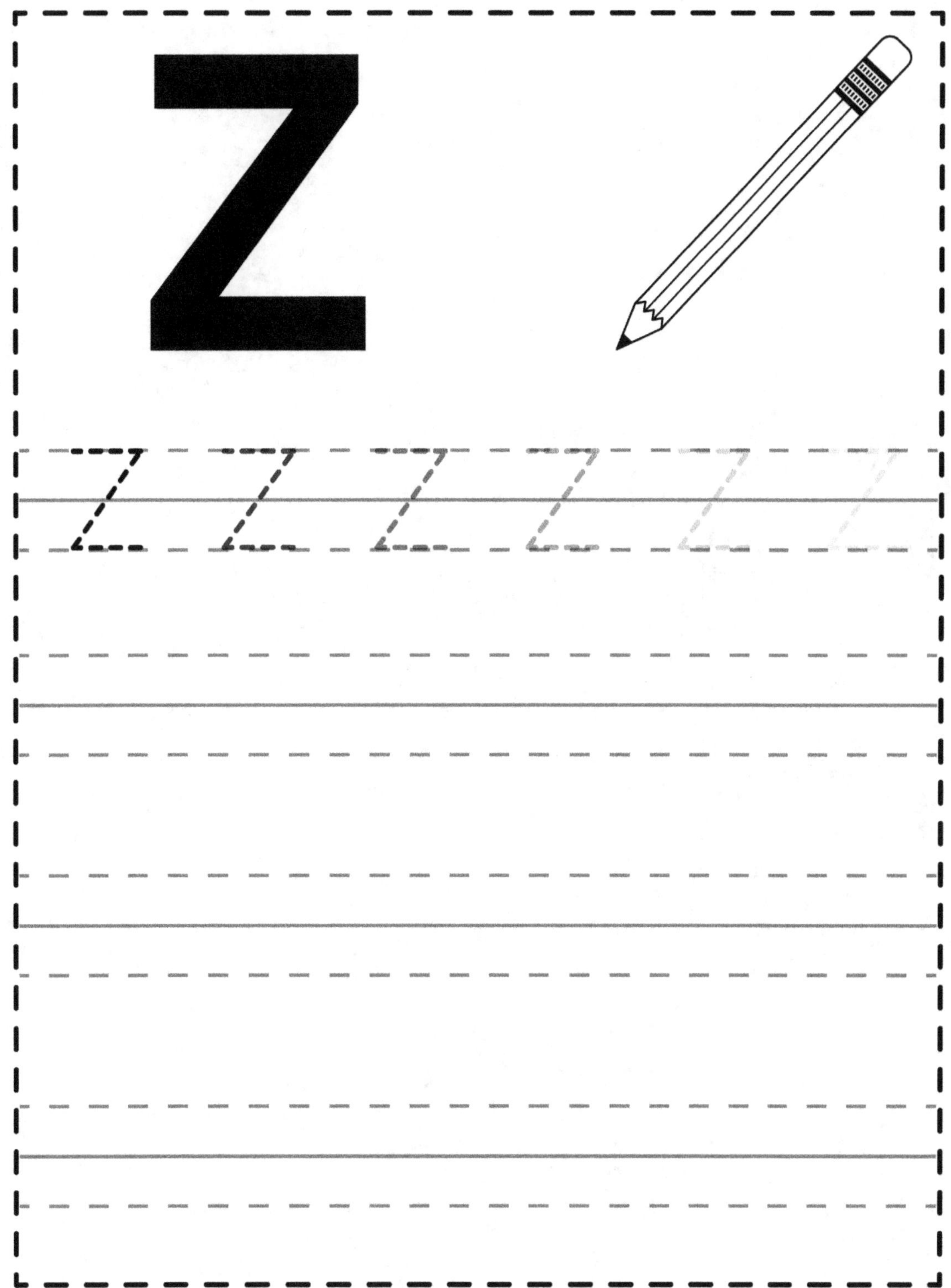

www.ingramcontent.com/pod-product-compliance
Lightning Source LLC
LaVergne TN
LVHW080544200726
843508LV00008B/1496